Raymond Hesting

Macht – Einfluss und Erfolg

durch

Gedankenkraft

Das Geheimnis der Telepathie

Die Gesetze der Gedankenübertragung

7 Lehrbriefe

Steiner-Verlag

1. Lehrbrief

2. Lehrbrief

3. Lehrbrief

Unbekannte Kräfte in der Natur

Die meisten Menschen glauben, dass in der Natur alle Kräfte, einschließlich der Atomkraft, genau erklärt und erforscht sind. Das aber ist ein Irrtum. Man kann wohl die verschiedenen Naturkräfte wie die Elektrizität, den Magnetismus, die Schwerkraft und auch die Atomkraft praktisch anwenden, aber erklären kann man sie nicht so, dass dies den wahren Tatsachen entsprechen würde. Das überrascht Sie vielleicht?

Es ist aber tatsächlich so. Man kann aus den verschiedensten Naturerscheinungen auf verschiedene Kräfte schließen. Man hat bestimmte Gesetze gefunden - nur auf Grund von Beobachtung - nach denen diese Kräfte wirken. Und schließlich hat man Versuche gemacht und dadurch diese Gesetze bestätigt, ohne aber die wahre dahinter stehende Kraft tatsächlich zu kennen. Man kennt und arbeitet also „nur" mit der Wirkung dieser angenommenen Kraft, von der man sich ein Bild macht, ohne das wahre Bild tatsächlich zu kennen.

Auf Grund der Wirkungsgesetze jedoch, mit denen sich die dahinter stehende Kraft uns mitteilt, können wir heute die Naturkräfte weitgehend und planmäßig anwenden. Man hat Theorien erfunden, die gefundenen Wirkungsgesetze verstandesmäßig erfassbar zu machen, um die eigentliche nicht erfassbare Kraft zu verschleiern. Auf Grund dieser Theorien kann man (scheinbar) alles erklären, was mit den entsprechenden Kräften zusammenhängt.

So gibt es heute Theorien über die Elektrizität, von denen die Elektronentheorie als allgemein gültig betrachtet wird. Für den Magnetismus hat man die Theorie erfunden, dass sich die Moleküle magnetischer Stoffe nach gewissen Kraftlinien ausrichten. Die Schwerkraft sieht man als Wirkung der Massenanziehung an und bei der Atomkraft werden bis heute immer wieder neue Theorien geschaffen und gleichzeitig die Theorien von gestern und vorgestern über den Haufen geworfen, und ---- man kennt doch nur die Wirkungsgesetze, ohne über die Kraft an sich etwas tatsächlich Wahres aussagen zu können. Durch

die immer (mit wenigen Ausnahmen) wirksamen Wirkungsgesetze sind die entsprechenden Wissenschaften allgemein anerkannt und "exakt".

Der Mensch lernt in der Schule die verschiedenen Theorien und dabei glaubt er, dass diese genauso tatsächlich wären wie zum Beispiel Tatsache ist, dass zwei Äpfel und zwei Äpfel gleich vier Äpfel sind.

Aus diesem Grunde denkt er selber meist gar nicht eingehend darüber nach, sondern eignet sich Kenntnisse und Formeln an, die teils tatsächlich annähernd stimmen, teils aber bereits nach einigen Jahren wieder durch andere Erkenntnisse abgelöst werden.

So ist es heute mit der Schwerkraft, der Elektrizität und dem Magnetismus. Es wird nicht mehr lange dauern, dann ist man der Sache so weit auf der Spur, dass man Theorien und Ansichten darüber grundlegend ändern muss.

UNBEKANNTE KRÄFTE IM MENSCHEN

Beim Menschen sind genauso wie in der Natur, zu der er doch auch gehört, unbekannte Kräfte wirksam. Man kennt auch bestimmte Gesetze verschiedener Kräfte im Menschen, aber da sich mit einer lebenden Person keine so sicheren Experimente machen lassen wie zum Beispiel mit chemischen Substanzen, mit Magneten oder elektrischen Ladungsträgern, war es bis heute nicht möglich, daraus entsprechende, leicht verständliche und allgemein gültige Theorien zu schaffen.

Dass im Menschen auch ohne allgemein gültige Theorien unbekannte Kräfte wirksam sind, wird kein aufgeklärter Mensch ernsthaft bestreiten wollen. Nehmen wir an, ein junger Mann fährt das erste Mal Motorrad Es gefällt ihm und er ist davon so begeistert, dass er den Wunsch hat, ebenso ein Motorrad zu besitzen. Aber es kostet eine Menge Geld. In diesem Wunsch ist nun die Kraft vorhanden, die den jungen Mann dazu treibt, auf verschiedene Bequemlichkeiten und Genüsse zu verzichten - ihn sogar dazu treibt, dass er durch Mehrarbeit das fehlende Geld verdient, und schließlich dazu treibt, seinen Wunsch zu erfüllen und sich das teure Motorrad zu kaufen.

Oder nehmen wir nur die Kraft an, die im Gedanken und in der Idee steckt. Was wurde nicht zuerst in Gedanken und Ideen geschaffen, bis es dann geplant und verwirklicht wurde. Riesengebäude, Schiffe, Flugzeuge, Kriege und Revolutionen wurden zuerst in Gedanken und Ideen geschaffen, bis sie verwirklicht werden konnten. Will da einer kommen und sagen, Gedanken sind nur Gedanken und es stecken keine unbekannten Kräfte dahinter? Das wäre nicht wahr, denn Gedanken sind Taten, sagt die indische Yoga-Lehre und wie in vielen anderen Dingen haben die indischen Weisen auch hier Recht. In den Gedanken steckt die Kraft, welche die entsprechenden Taten hervorbringt. Aber Gedanken dürfen nicht durch entgegengesetzte Gedanken wieder aufgehoben werden, sie müssen verstärkt, summiert werden.

DIE GESETZE DER GEDANKENKRAFT

Wie überall, wo Kräfte wirken, so kann man auch bei der Gedankenkraft bestimmte Gesetze von Allgemeingültigkeit finden. Wie sich gleichartige Ladungsträger zu hohen elektrischen Spannungen summieren und wie viele kleinste magnetische Metallteile einen starken Magneten ausmachen, so können auch Gedanken verstärkt werden und durch Hinzufügen gleichartiger Gedankenelemente summiert werden.

Und wie jede elektrische Ladung durch eine entgegengesetzte Ladung neutralisiert wird oder jeder Magnet durch entgegengesetzten Magnetismus unwirksam gemacht werden kann, so können auch Gedanken ihre Kraft verlieren durch entgegengesetzte Gedankenelemente.

Man könnte daraus auch Formeln machen, wie es die exakte Naturwissenschaft macht.

Zum Beispiel: Positive Gedanken und positive Gedanken ergibt gleich eine positiv wirkende Kraft. In der Formel sieht das dann so aus:

(Positive Gedanken)	+	(Positive Gedanken)	=	(Positive Kraft)
PG	+	PG	=	PK
(Negative Gedanken)	+	(Negative Gedanken)	=	(Negative Kraft)
NG	+	NG	=	NK
(Positive Gedanken)	+	(Negative Gedanken)	=	(Keine Kraft)
PG	+	NG	=	0

Positive Gedanken und negative Gedanken heben sich also gegenseitig auf. Wer einen Plan, einen Gedanken usw. verwirklichen will, muss das beachten. Zweifel-Gedanken sind gleich negative Gedanken.

JEDES ZIEL IST DURCH GEDANKENKRAFT ERREICHBAR

Durch Anwendung des soeben gebrachten Gesetzes der Gedankenkraft kann man jedes Ziel erreichen.

Nehmen wir an, Sie haben eine Idee und möchten diese verwirklichen. Sie erzeugen Gedanken, die diese Verwirklichung herbeiführen sollen. Nun kommen Ihnen aber andere, entgegengesetzte Gedanken und diese heben nun die wirkende Kraft der ersten nach Verwirklichung strebenden Gedanken auf. Das Ergebnis ist gleich:

(Positive Gedanken)	+	(Zweifelsgedanken)	=	Keine Kraftwirkung
PG	+	NG	=	0

Wenn Sie irgendein Ziel verwirklichen wollen, dürfen Sie nur solche Gedanken denken, die diesem Ziel und seiner Verwirklichung dienen. Sie müssen aber alle Gedanken vermeiden, die eine Verwirklichung des Zieles hemmen könnten. Dies sind alle Zweifelsgedanken und entgegengesetzten Gedanken. Wenn Sie das machen, verstärken sich die

nach Verwirklichung strebenden Gedankenkräfte von Tag zu Tag. Schließlich wirken sie und das Ziel wird erreicht.

Gedanken sind die Triebfeder unseres Wollens und Handelns. Also die Ursache der Taten, welche wir vollbringen. Ohne nach Tat strebende Gedanken keine Tat! Und ohne hemmende, zweifelnde Gedanken keine Unterlassung (Gegenteil der Tat!)

Der Erfolg eines Menschen und damit sein Schicksal ergibt sich aus seinen Taten und Unterlassungen. Die Ursache von Erfolg und Misserfolg ist demnach nicht alleine in den Taten zu suchen, sondern auch in seinen Unterlassungen. Wer etwas, was zu seiner Existenz nötig wäre, unterlässt, begeht eine negative Tat. Diese Ansicht stammt aus der indischen Yoga-Lehre und hat tatsächlich die Wirksamkeit eines Naturgesetzes.

Wenn Sie etwas wollen, dann schaffen Sie die dafür nötigen, in entsprechender Richtung wirkenden Gedanken. Wollen Sie etwas vermeiden, dann schaffen Sie die dazu nötigen entgegengesetzt wirkenden Gedanken.

SO STÄRKEN SIE IHRE GEDANKENKRAFT

Gedanken sind Kräfte, die den Gesten der Summierung, der Neutralisation (gegenseitige Aufhebung) und der Neigung folgen.

Noch mal die Gesetze in Formeln:

u. Gedanke	+	u. Gedanke	= (u.) positiv wirkende Kraft
(–) Gedanke	+	(–) Gedanke gleich	= (–) negativ wirkende Kraft
u. Gedanke	+	(–) Gedanke gleich	= (u.) keine Kraftwirkung

(u. = unterlassene)

Nun ein Geheimnis der Gedankenkraft:

Wenn man immerzu positive Gedanken denkt, erzeugen diese eine positive Kraft und wollen sich verwirklichen. Wenn man nun die

Verwirklichung absichtlich verzögert und dadurch die Kraft der Gedanken ansteigen lässt, wird diese Kraft immer stärker, und man erreicht dabei ein so großes Kraftpotential, dass sich dies am ganzen Körper und Geist zeigt.

Solche Menschen werden dann zu strahlenden Persönlichkeiten, die immer und überall Erfolg haben.

Wer aber negative Gedanken, zum Beispiel Verbrechergedanken hat und diese immer und immer wieder steigert, ohne sie in die Tat umzusetzen, wird eine negativ strahlende Person. Solchen Menschen sieht man ihre Gedanken schon am ganzen Wesen und sogar in der Sprechweise und am Gesichtsausdruck an.
Andere Wirkungen dieses Gesetzes sind: Wer sich immer und immer wieder in die Gedanken der unglücklichen Liebe hineinsteigert, wird krank und mager. Wer sich immer wieder in Gedanken der Harmonie, der Freude und des Glückes hineinsteigert, wird harmonisch und glücklich strahlen. Man sagt ja im Volksmund: „Der strahlt vor lauter Glück!" Und der Volksmund hat manche verborgene Weisheit in sich.

GEDANKENKRÄFTE WIRKEN NACH AUSSEN

Ein Gesetz der Gedankenkraft ist:

JEDER GEDANKE HAT DAS BESTREBEN, SICH ZU VERWIRKLICHEN!

Dabei ist es ganz gleich, wie er sich verwirklichen kann. Die Verwirklichung kann darin bestehen, dass ein einmal gedachter Gedanke immer und immer wieder kommt und sich bemerkbar macht. Sie kann aber auch darin bestehen, dass ein Gedanke immer wieder ähnliche, in gleicher Richtung wirkende Gedanken anzieht. Sie kann darin bestehen, dass ein Gedanke, wenn er stark genug ist, sich durch die Vermittlung der Seele, des Geistes und des Körpers verwirklicht, und auch darin, dass sich der Gedanke, wenn er stark ist und die Verwirklichung absichtlich unterdrückt wird, einfach durch Gedankenstrahlung verwirklicht. Und schließlich kann die Verwirklichung auch darin bestehen, dass sich ein Gedanke mit einem anderen, entgegengesetzten Gedanken zu einem wirkungslosen, neutralen Gedankenkomplex verbindet.

Diese Möglichkeiten interessieren uns hier in zwei Arten. Erstens die Wirkung der Gedanken durch tatsächliche Verwirklichung mittels Seele, Gesicht und Körper. Dabei bringt die Gedankenkraft Taten hervor. Und zweitens die Art, dass der Gedanke sich durch Strahlung nach außen verwirklicht. Dabei kommt es zu so genannten Gedankenübertragungen (Telepathie).

Diese zwei Arten der Gedankenwirkungen nach außen wollen wir nun eingehend untersuchen.

Vorher aber das folgende Gesetz:

GEDANKEN, DEREN VERWIRKLICHUNG IN FORM VON TATEN ABSICHTLICH VERHINDERT WIRD, VERWANDELN SICH IN STRAHLENDE ENERGIE !

Die Stärke dieser strahlenden Energie ist davon abhängig, wie stark der Gedanke als Ursache ist.

GEDANKEN SIND TATEN

Der Mensch hat es in der Hand, durch die Kenntnis der bei den Gedanken wirkenden Gesetze sein Leben und seine Taten bewusst zu bestimmen und zu lenken.

Er braucht nur solche Gedanken denken und immer wieder denken, von denen er eine Verwirklichung wünscht. Das ist der aktive Teil der menschlichen Freiheit. Jede Tat hat einen Gedanken zur Ursache und jeder Gedanke will sich verwirklichen, wenn er nicht durch einen entgegengesetzten Gedanken gehemmt oder neutralisiert wird.

In dieser Beziehung ist eine klare Denklinie, ein planmäßiges Arbeiten vorteilhaft. Der Mensch muss wissen, was er will, und ein Mensch, der weiß, was er will, wird sein Ziel immer erreichen, da er nur solche Gedanken denkt, die sich in derselben Richtung wie sein Ziel bewegen.

Der passive Teil der menschlichen Freiheit besteht darin, dass er Taten vermeiden kann, die er nicht will, indem er seinen Gedanken eine entgegengesetzte Richtung gibt. Beide Freiheiten, die aktive und die passive sind gleichbedeutend und wirken mit der Sicherheit von Naturgesetzen.

Alleine die Änderung Ihrer Ansichten über Gedanken und über die Taten wird Ihr Leben weitgehend ändern. Zuerst waren Sie sich unklar über die Wirkung der Gedanken und waren mehr oder weniger dem Zufall überlassen. Nun wissen Sie, was Sie beachten müssen und welche persönliche Freiheit Sie in den Gedanken haben, und das gibt Ihnen die praktische Möglichkeit, Ihr Leben bewusst einzurichten und so zu gestalten, wie Sie es wünschen und wollen. Die Natur lenkt zwar durch Lebensnotwendigkeiten unterbewusst die Richtung der Gedanken, aber jeder kann mehr und Besseres aus sich herausholen, wenn er bewusst die Gesetze der Gedanken anwendet und sowohl aktiv wie auch passiv seine Taten planmäßig bestimmt.

SO STRAHLEN IHRE GEDANKEN

Die praktische Möglichkeit, durch Beachtung der Gesetze, die bei der Gedankenkraft wirken, aktiv und passiv auf Ihr Leben einzuwirken, ist zwar schon bedeutend - aber eine andere, weit bessere Möglichkeit, die Ihnen bei der planmäßigen und erfolgreichen Lebensgestaltung hilft, besteht darin, dass Sie die Gedankenkraft so weit steigern können, bis diese nach außen strahlt.

Früher redete man viel von persönlichem Magnetismus, von persönlicher Anziehungskraft. Heute ist dieser Ausdruck in der Erfolgsliteratur fast verschwunden. Die Stauung von positiver Gedankenkraft aber ist gleichbedeutend mit einer derartigen persönlichen Anziehungskraft. Sympathie und Antipathie entstehen aus der Gedankenkraft eines Menschen. Wer positive Gedanken in sich summiert, staut dadurch Gedankenkraft, und wenn sich diese nicht nach außen verwirklichen kann, beginnt sie, in Form von Strahlung zu wirken.

Praktische Beispiele:

Ein junger Mann, der sich unbedingt ein Motorrad kaufen möchte und, obwohl er durch die Kraft der Gedanken schon alles so weit geschafft hat, dass er das Geld beisammen hat, sich dennoch kein Motorrad kauft, sondern sein Geld auf die Bank bringt, staut Gedankenkraft, die sich nun strahlend nach außen offenbart. Sein Benehmen wird anders und seine ganze Persönlichkeit wird anziehender und erfolgreicher.
Ein Mensch, der immer triebhafte Gedanken pflegt und die Befriedigung, also die Verwirklichung seiner triebhaften Gedanken, verschiebt und verhindert, wird bald so voller strahlender Gedankenkraft sein, dass er beginnt, schöpferisch und geistig zu arbeiten. Wenn er dies auch noch verhindert, wird er alleine durch seine Persönlichkeit wirken und ---- mehr möchte ich darüber eigentlich nicht sagen, aber die meisten Künstler, Schauspieler und Persönlichkeiten benutzen diese Art der Gedankenkraft, die Triebstauung.

ANDERE DURCH GEDANKEN BEEINFLUSSEN

Sicher ist Ihnen bekannt, dass es Menschen gibt, die durch bloße Gedanken andere Menschen so weit beeinflussen können, dass diese tun, was sie sagen. Dies ist die so genannte Wirkung der strahlenden Persönlichkeit. Diese Wirkung kann sogar so weit gehen, dass man durch bloße Gedankenkraft andere Personen in Hypnose versetzen kann. Beweise dafür liegen vor und die Fachliteratur zeigt immer wieder solche rätselhaften Fälle.

Wer seine Wünsche und Triebe durch Gedanken steigert, so dass sie sich unbedingt verwirklichen möchten, aber diese Verwirklichung immer wieder verhindert oder zumindest hinausschiebt, sammelt in sich solche strahlenden Kräfte, die sich nun in anderer, wenn auch rätselhafter, Weise äußern.

Sie wissen sicher, dass reiche Leute und vor allem schöpferische Persönlichkeiten viel in Nachtlokalen, Animierlokalen und anderen "reizenden" Umgebungen verkehren. Glauben Sie, dass dabei nur die Befriedigung triebhafter Wünsche eine Rolle spielt? Nein! Solche Persönlichkeiten holen sich dort nur starke Gedanken, starke Wünsche und stark aufgestachelte Triebe, um sie dann ---- NICHT zu befriedigen, sondern daraus ihre schöpferische Kraft ziehen. Und solche Persönlichkeiten haben immer Ideen und Geld. Schöpferische Arbeit kann nur dann geschehen, wenn starke geistige Kräfte wirken, die sich auf andere Art nicht verwirklichen können als schöpferisch und strahlend. Dann wundert man sich, wenn solche Persönlichkeiten, ganz gleich ob sie Künstler, Schriftsteller oder Politiker sind, Tausende von Menschen, ja ganze Völker beeinflussen können. Hier liegt eines der größten Geheimnisse der Gedankenkraft. Und wer die Konsequenz daraus zieht, wird es nie bereuen. Gedanken sind die Ursache, daraus entstehen Wünsche, Triebe werden verstärkt und Taten werden vollbracht. Aber die Zurückhaltung dieser Verwirklichungskräfte schafft jene geheimnisvolle Kraft, die wir an großen Persönlichkeiten bewundern.

DIE TECHNIK DER GEDANKLICHEN BEEINFLUSSUNG

Sie wissen nun, wo die Kraft zur gedanklichen Beeinflussung anderer Personen herkommt. Und nun wollen Sie sicher auch die nähere Technik dieser Beeinflussung kennen lernen. Hier sind die einfachen, ja unglaublich einfachen Anleitungen. Die verschiedenen Techniken:

1. DIE WÖRTLICHE BEEINFLUSSUNG

Sie stellen sich einfach gedanklich vor, dass der, den Sie beeinflussen wollen, das tut, was Sie zu ihm sagen. Dabei sehen Sie ihm in die Augen oder besser gesagt zwischen die Augen auf die Nasenwurzel und sprechen zu ihm.

2. DIE VORHERGEHENDE GEDANKLICHE BEEINFLUSSUNG

Sie denken das, was Sie von einem Menschen wollen, zuerst in präzisen und klaren Gedanken, und zwar in der Du-Form und in Befehlsform. Darauf erst wirken Sie durch wörtliche Beeinflussung wie oben beschrieben.

3. DIE REIN GEDANKLICHE BEEINFLUSSUNG (in Anwesenheit)

Sie sehen der Person, die Sie beeinflussen wollen, unauffällig und ruhig einige Sekunden lang in die Augen und denken dabei in Befehlsform das, was Sie bewirken wollen.

4. DIE REIN GEDANKLICHE BEEINFLUSSUNG (in Abwesenheit)

Sie stellen sich die Person lebhaft vor und sprechen zu der eingebildeten Person das, was Sie sagen wollen. Oder Sie geben der eingebildeten Person gedanklich entsprechende Befehle und Anweisungen.

EXPERIMENTE MIT GEDANKENÜBERTRAGUNG

Wenn Sie genug geistige Kraft durch Stauung von Wünschen und Trieben in sich gesammelt haben, werden Sie bei Gedankenübertragungs-Experimenten Erfolg haben. Wenn Sie aber alle Ihre Wünsche und Triebe sofort erfüllen und befriedigen, dann werden Sie selten Erfolg haben. Höchstens, wenn Sie besonders für solche Experimente prädestiniert sind und eine besondere Begabung haben.

EIN EINFACHES EXPERIMENT AUF DER STRASSE

Wenn Sie Ihre Gedankenkraft kontrollieren wollen, machen Sie auf der Straße folgendes Experiment:

Einer vor Ihnen gehenden Person (Entfernung zwischen 6 m und 25 m) sehen Sie ruhig und fest auf den Nacken. Dabei stellen Sie sich in Gedanken innerlich bereits sichtbar vor, wie die betreffende Person den Kopf nach Ihnen umdreht. Je mehr und je lebhafter Sie sich dabei die Drehbewegung des Kopfes vorstellen, umso schneller werden Sie Erfolg haben. Sie dürfen aber keinerlei Geräusche von sich geben. Nicht husten oder räuspern und auch nicht mit den Füßen stärker auftreten. Die Verbindung darf nur durch Ihre Gedanken und durch Ihre Einbildung zustande kommen.

EIN EXPERIMENT IM KINO ODER THEATER

Machen Sie dasselbe, wie oben beschrieben, im Kino oder Theater. Sehen Sie einer mehrere Reihen vor Ihnen sitzenden Person auf den Nacken und stellen Sie sich lebhaft vor, dass diese den Kopf nach Ihnen umwendet. Der Erfolg zeigt Ihnen, wie stark Ihre Gedankenkraft ist. Bei solchen Experimenten kommt es nicht auf gedanklich gesprochene Befehle an, sondern auf die innerlich sichtbare Vorstellung, dass die betreffende Person den Kopf nach Ihnen umdreht.

EIN EXPERIMENT MIT FREUNDEN

Wenn Sie die vorhergehenden Experimente auf der Straße, im Kino oder Theater mit Erfolg gemacht haben, können Sie das nun folgende Experiment versuchen.

Sie haben sicher Freunde, die Ihnen öfters einen Besuch abstatten. Stellen Sie sich im Zimmer aufrecht hin und stellen Sie sich einbildungsmäßig einen dieser Freunde lebhaft vor. Dann stellen Sie sich weiter vor, wie er gerade an Sie denkt und wie er dann den Wunsch fasst, Sie zu besuchen. Dann können Sie sich vorstellen, dass er tatsächlich zu Ihnen kommt, wie er bei Ihnen anklopft und bei Ihnen eintritt. Das darf etwa zwei bis drei Minuten dauern, dann beschäftigen Sie Ihre Gedanken mit anderen, nebensächlichen Dingen und --- wenn Ihre Gedankenkräfte stark genug sind und der Besuch von Ihrem Freund realistisch möglich ist, wird er tatsächlich bei Ihnen einen Besuch machen.

TELEPATHISCHE BEEINFLUSSUNG IM SCHLAF

Es ist bekannt, dass sich der so genannte sechste Sinn besonders im Traum zeigt. Fälle von Wahrträumen sind sicher auch Ihnen bekannt. Im Schlaf kann man Freunde und bekannte Personen leicht telepathisch beeinflussen. Wenn Sie einen Freund irgendwie durch Telepathie (Gedankenübertragung) beeinflussen wollen, brauchen Sie sich ihn nur zu einer Zeit, in der er schläft, lebhaft vorstellen. Dann können Sie ihn durch präzise und klare Gedankeninhalte oder durch gedankliche Befehlsform beeinflussen. So ein Versuch darf etwa fünf bis zehn Minuten dauern. Während dieser Zeit wiederholen Sie immer und immer wieder den betreffenden Gedankeninhalt oder Befehl.

Zur Kontrolle können Sie so einen Freund für den nächsten Tag zu Ihnen bestellen oder ihm einen Grund suggerieren, weswegen er zu Ihnen kommen soll. Auch bei diesem Versuch kommt es auf die Stärke der Gedankeninhalte an.

EIN TELEPATHISCHES ZAUBERSTÜCK

Um Ihre Gedankenkraft zu kontrollieren, können Sie einmal folgendes Experiment, besser gesagt, folgendes Zauberstück machen.

Legen Sie auf einen Tisch sechs verschiedene Karten. Zwei Asse, zwei Könige und zwei gewöhnliche Karten. Dann setzen Sie sich einem Freund gegenüber und halten beide Hände so vor Ihre Augen, dass Sie wohl die Karten sehen können, die auf dem Tisch liegen, aber Ihr Freund nicht Ihre Augen sehen kann.

Nun blicken Sie immer auf eine der Karten und stellen sich vor, dass Ihr Freund diese vom Tisch wegnehmen soll. Vorher sagen Sie Ihrem Freund, er soll ohne bestimmte Absicht stur und teilnahmslos auf die Karten sehen, ohne eine davon besonders zu beachten. Nach einiger Zeit würde er den Wunsch haben, eine der Karten wegzunehmen, und dies sei die Karte, an die Sie fest denken. Zur Kontrolle können Sie sich vorher die Karte, auf welche Sie sehen wollen, aufschreiben.

Sie werden sehen, dass weit mehr Treffer bei diesem Experiment sind, als es Zufall oder Wahrscheinlichkeit sein kann.

EIN ANDERES ZAUBERKUNSTSTÜCK MIT GEDANKEN-ÜBERTRAGUNG

Sie nehmen sieben verschiedene Karten in die Hand und halten diese, nachdem Sie sich eine davon gemerkt haben, fächerartig einem Freund entgegen. Sagen Sie ihm, dass er die Karten teilnahmslos und ohne eine besonders zu beachten, ansehen und nach einiger Zeit eine Karte ziehen soll. Sie selber stellen sich die gedachte Karte, die Ihr Freund ziehen soll, lebhaft bei geschlossenen Augen vor und Sie werden sehen, dass Ihr Freund in den meisten Fällen die von Ihnen gewollte Karte zieht. Schreiben Sie sich das Ergebnis auf. Wenn es Ihnen gelingt, bei diesem Experiment mehr als 40 % Treffer zu erzielen, dann haben Sie ziemlich starke Gedankenkräfte in sich.

FERNBEEINFLUSSUNG VON BEKANNTEN

Wenn Sie auf weitere Entfernung einen Bekannten beeinflussen wollen, ohne ihm einen Brief, ein Telegramm zukommen zu lassen oder ein Telefongespräch mit ihm zu führen, können Sie folgenden Versuch machen.

Schreiben Sie das, was Sie ihm mitteilen wollen, auf ein großes Blatt Papier und stellen Sie es vor sich hin. Dann setzen Sie sich in einen Stuhl und sehen immer auf das Blatt. Dabei stellen Sie sich die betreffende Person lebhaft in Gedanken vor, und zwar mit der Absicht, dass das, was auf dem Blatt steht, auf ihn wirken möge.

Die Dauer eines solchen Versuches darf etwa zehn Minuten sein, in welcher Sie immer Ihre Aufmerksamkeit der Vorstellung Ihres Bekannten widmen müssen.

EINE ANDERE METHODE DER FERNBEEINFLUSSUNG

Setzen Sie sich hin und schreiben Sie an einen Bekannten einen Brief. Darin schildern Sie in klaren Worten das, was Sie erreichen wollen. Dann schreiben Sie auch noch den Umschlag, kleben eine Marke darauf und kleben den Umschlag zu. Darauf nehmen Sie ihn, gehen damit zum Briefkasten ---- ohne ihn aber hineinzustecken. Den Brief lassen Sie am Briefkasten in einer Ihrer Taschen verschwinden und dort mehrere Tage lang unbesehen stecken.

Diese Art der Fernbeeinflussung wirkt wie alle anderen derartigen Versuche am besten, wenn längere Zeit die Triebe gestaut wurden. Diesen geistigen Krafteffekt verwenden verschiedene Religionen bei ihren Mitgliedern durch Fastenzeiten und durch Triebstauübungen.

WORAUF ES BEI GEDANKENÜBERTRAGUNGEN ANKOMMT

Wie Sie ja schon wissen, haben Experimente mit Gedankenübertragung die besten Erfolge, wenn durch Wunsch- oder Triebstauung die Gedankenkraft gesteigert ist. Sie können selber den Beweis dafür

erbringen, indem Sie Experimente dann machen, wenn Sie schwach an Gedankenkraft durch Wunsch- und Triebbefriedigung sind, und auch dann, wenn Sie durch Wunsch- und Triebstauung stark sind. Das Ergebnis schreiben Sie sich immer auf und dann vergleichen Sie. Dies ist tatsächlich der beste und sicherste Beweis für die Richtigkeit der Ansicht, dass man Gedankenkraft durch Wunsch- und Triebstauung stärken kann.

Ferner ist wichtig, dass Sie sich bei der gedanklichen Vorstellung einer Person tatsächlich auf das innere, vorstellungsmäßige "Sehen" beschränken. Wenn Sie bloß den Namen denken würden, wären die Erfolge nicht so groß. Sie können sich mehrmals darin üben, indem Sie sich, wenn Sie in Ihrem Zimmer alleine sind, eine Person so lebhaft und so leibhaftig wie möglich vor sich stehend vorstellen. Solche Übungen vermitteln nicht nur einen gedanklichen Kontakt mit der betreffenden Person, sondern schulen auch die Einbildungskraft, die bei Experimenten mit Gedankenübertragung besonders wichtig ist.

Wenn Sie einer Person irgendeine Handlung, und wenn dies nur ein Umdrehen des Kopfes nach Ihnen ist, gedanklich suggerieren wollen, müssen Sie sich in Ihrer Einbildung diese Handlung schon vorher so lebhaft vorstellen können, als wäre sie bereits Wirklichkeit. Oder wenn Sie wollen, dass eine Person sich auf Ihren gedanklichen Befehl hin eine Zigarette anzünden soll, dann müssen Sie den entsprechenden Vorgang innerlich sehen und miterleben. Sie können auch den Genuss vorstellungsmäßig übertragen, den eine Handlung, in diesem Falle das Rauchen einer Zigarette, mit sich bringt. Wenn Sie irgendwelche gedanklichen oder wörtlichen Befehle übertragen wollen, müssen diese immer mit entsprechenden innerlich und vorstellungsmäßig gesehenen Handlungen zugleich gewollt werden.

DIE EXPERIMENTE DES DR. J. B. RHINE

In Amerika wurden von Dr. Josef Banks Rhine, Professor für Psychologie an der Duke Universität, jahrelang verschiedene Experimente zur Gedankenübertragung und zu außersinnlichen Wahrnehmungen gemacht. Dr. Rhine und sein Mitarbeiterstab erzielten dabei beachtliche Erfolge. Es wurden im Laufe der Jahre mehr als 100 000 Experimente und Versuche gemacht und das Ergebnis immer mit wissenschaftlicher Genauigkeit festgehalten.

Das Ergebnis dieser Versuche war:

Es gibt außersinnliche Wahrnehmungen (extra sensory perceptions) und es gibt Gedankenübertragung ohne Mitwirkung der Sinne.

Dr. Rhine ist kein verschrobener Okkultist und auch keinerlei mystische Persönlichkeit, sondern durchaus ein ernst zu nehmender und exakter Wissenschaftler. Seine Versuche wurden nicht auf Grund von Spekulationen gemacht, sondern dienten lediglich der psychologischen Wissenschaft als Grundlage zu weiteren Forschungen und als Beweis für die Echtheit der Gedankenübertragung und Wahrnehmung außersinnlicher Bewusstseinsinhalte.

Dr. Karl Zener, ein Mitarbeiter Dr. Rhine's, entwarf für die Experimente fünf Symbolkarten. Auf einer war ein Kreuz, auf den anderen ein Quadrat, ein Kreis, ein Stern und Wellenlinien. (Abbildung der Karten auf der nächsten Seite!) Die Versuche wurden meist an einem Tisch gemacht, an dem sich zwei Personen, ein Operator und eine Versuchsperson, gegenübersaßen. Beide hatten vor sich eine Reihe solcher " Zener-Karten" liegen. Zwischen beiden Personen, in der Mitte des Tisches, war ein undurchsichtiges Gitter angebracht, um zu vermeiden, dass die Versuchsperson eventuelle unbewusste Muskelbewegungen oder sonstige sinnliche Wahrnehmungen des Operators auffängt. Meist wurde mit 25 Karten zu je fünf Stück der gleichen Sorte experimentiert.

DIE „ ZENER-KARTEN" (NACH DR. KARL ZENER)

Dabei musste die Versuchsperson erraten, welche Karte auf der Seite des Operators oben lag, wie die anderen Karten lagen usw. Das Ergebnis der Experimente zeigte, dass etwa 1 % der Versuchspersonen besonders für Gedankenübertragung geeignet war, dass aber jeder Mensch diese Fähigkeit und Eignung in gewissem Grade besitzt. Wenn das Erraten der Karten nur rein zufällig gewesen wäre, hätten Ergebnisse nach der Wahrscheinlichkeitsrechnung herauskommen müssen. Solche Wahrscheinlichkeitsergebnisse aber wurden bei allen Versuchspersonen Dr. Rhine's weit übertroffen.

Die "Zener-Karten", (benutzt bei den Rhine'schen Experimenten):

TELEPATHIE IN HYPNOSE

Wie in der Hypnose auch die fünf normalen Sinne extrem sensibel (empfindlich) gemacht werden können, so kann man auch den so genannten "sechsten Sinn", das unterbewusste Wahrnehmungsvermögen außer-sinnlicher Wirkungen, empfindlicher machen.

EIN EXPERIMENT DES SECHSTEN SINNES

Der Hypnotiseur brachte ein Medium in den hypnotischen Tiefschlaf. Um sich hat er eine Anzahl Zuschauer oder Kontrollpersonen. Er bringt das Medium in eine Zimmerecke und lässt es dort mit dem Gesicht in die Ecke stehen. Dann lässt er sich von jedem Zuschauer einen kleinen Gegenstand geben. Diese verschiedenen Gegenstände gibt er nun jedem Einzelnen in je einen kleinen Behälter (Pappschächtelchen oder dergleichen). Dann holt er das Medium hervor und übergibt ihm der Reihe nach die Behälter mit der Aufforderung, diese in geschlossenem Zustand an die Personen zu verteilen, denen die darin befindlichen Gegenstände gehören.

Das Ergebnis solcher Versuche bringt oft erstaunlich treffsichere Erfolge, die mit Zufall oder Wahrscheinlichkeit wenig zu tun haben.

EIN WEITERES EXPERIMENT IN HYPNOSE

Das sich in Tiefschlaf befindende Medium ist in einem Zimmer alleine. In einem anderen Zimmer sitzen verschiedene Zuschauer oder Kontrollpersonen. Nun gibt der Hypnotiseur jedem davon eine Spielkarte. Diese sollen sich die Zuschauer gut merken. Dann sammelt der Hypnotiseur die Karten wieder ein und mischt sie. Das daraufhin hereingeholte Medium verteilt dann die Karten an die Personen, welche sich die entsprechenden Karten gemerkt haben. Auch hier werden zum Erstaunen der Zuschauer die Karten meist richtig verteilt.

WAS IST DER SECHSTE SINN ?

Sie wissen, dass der Mensch nach unserer Schulweisheit fünf Sinne hat. Er kann sehen, hören, riechen, schmecken und tasten. Darüber hinaus hat er aber auch einen sechsten Sinn, der darin besteht, dass er Wahrnehmungen auch außerhalb dieser allgemeinen fünf Sinne empfinden kann.

Meist wird der sechste Sinn in Beziehung zum Hellsehen erwähnt. Es wäre aber ungenau bezeichnet, wenn man sagen wollte, dass der sechste Sinn der hellsehende Sinn wäre. Was bei einem eine schwache Ahnung ist, kann bei einem anderen ein klares gedankliches Erfassen sein, und bei besonders sensiblen Personen kann es ein Hören oder gar inneres, in seltenen Fällen sogar ein tatsächlich äußeres Sehen sein.

Hellsehen ist ein Begriff, der das, was damit gemeint ist, ungenau erklärt. Meist stellt man sich vor, dass ein Hellseher zum Beispiel eine Lotterienummer einfach tatsächlich vor sich sieht. Dabei aber kann dieses Sehen auch darin bestehen, dass eine hellsehende Person, also eine für außersinnliche Wahrnehmungen empfindliche Person, bei einer Lotterienummer lediglich die innere Gewissheit fühlt, dass diese Nummer gewinnen wird.

Der sechste Sinn besteht in der halbbewussten oder auch ganz bewussten Empfindung für außersinnliche Wahrnehmungen. Dabei ist es gleich, ob ein Wahrtraum im Schlaf oder ein gefühlsmäßiges Erfassen im Wachzustand vorliegt.

Allgemein kann man die verschiedenen Wahrnehmungen als sechsten Sinn bezeichnen. Der eine riecht Leichengeruch, wenn er einer Person die Hand gibt, der andere fühlt lediglich eine kaltfeuchte Hand. Wieder ein anderer sieht innerlich Sarg und Grab und ein Vierter fühlt schließlich in sich selber einen Schmerz genau dort, wo der, dem er die Hand gibt, seine todbringende Krankheit hat. Je nach persönlicher Eigenart und Sensibilität zeigt sich der sechste Sinn ganz verschieden.

DER SECHSTE SINN UND GLÜCKSSPIELE

Dass Treffer bei Glücksspielen mit Hilfe des sechsten Sinnes schon vielfach gemacht wurden, wird auch Ihnen aus der Presse bekannt sein. Dem einen träumt eine Tippreihe und der andere sieht plötzlich eine Lotterienummer vor sich. Aber bewusst und absichtlich hat wohl selten ein Mensch durch übersinnliche Wahrnehmungen einen Haupttreffer gemacht.

PRAKTISCHE ANLEITUNGEN FÜR LOTTO UND TOTO

Wenn Sie selber einmal versuchen wollen, ob Sie übersinnliche Wahrnehmungen bei Glücksspielen haben oder nicht, machen Sie den folgenden Versuch.

Legen Sie einen Toto- oder Lottoschein vor sich auf den Tisch und betrachten Sie ihn entspannt und scheinbar ohne Interesse. Dann werden Ihnen sicher einzelne Tipps kommen, aber meist ohne bestimmte Reihenfolge. Wenn Sie zum Beispiel einen Totoschein haben, wird Ihnen vielleicht bei der 7. Paarung ein Unentschieden kommen. Schreiben Sie das dann bitte auf den Schein. Bei Lottoscheinen können einzelne Zahlen immer und immer wieder erscheinen. Kreuzen Sie dann gerade diese Zahlen an.

Wichtig dabei ist: Falls Sie tatsächlich übersinnliche Wahrnehmungen haben, dürfen Sie diese keinesfalls erzwingen wollen. Ganz locker und entspannt und ohne eigentliche auf ein Ziel, also auf den Gewinn gerichtete Anteilnahme, müssen Sie sozusagen leer auf den Schein sehen. Was Ihnen dann immer und immer wieder innerlich sehend klar erscheint, ob in Gedanken, in der Vorstellung oder innerlich sehend, schreiben Sie dann auf den Schein. Vorteilhaft ist es, wenn Sie keinerlei Vorurteile haben. Und wenn Sie die Paarung beim Toto nicht kennen. Wenn Sie Fußballfachmann sind, machen Sie sich einen Totoschein nur mit Nummern, ohne zu wissen, wer spielt und wo gespielt wird. Fachmänner gewinnen bekanntlich am wenigsten große Summen.

GEDANKENKRAFT UND GESUNDHEIT

Zwischen dem Kraftpotenzial der Gedanken und dem Gesundheitszustand eines Menschen bestehen enge Zusammenhänge. Menschen mit negativer Gedankenkraft sind meist krank oder zumindest kränklich. Menschen mit positivem Kraftpotenzial dagegen sind immer gesund und stark.

Der Gesundheitszustand wird durch Gedanken beeinflusst. Wer gesund bleiben will, darf daher keine negativen Gedanken in sein Bewusstsein lassen. Ein praktisches Beispiel ist der krankmachende Liebeskummer. Wer unglücklich verliebt ist und seine Gedanken immer wieder zu der Person lenkt, in die er verliebt ist, wird schwach, mager und krank. Viele blühende und gesunde Menschen haben sich dadurch schon an den Rand des Todes gebracht.

Ein anderes Beispiel ist der Ärger und der Zorn. Solche mit starken Gemütsregungen einhergehende Gedanken können sogar Magengeschwüre und andere ernsthafte Gesundheitsschäden mit sich bringen und auslösen.

DAS GEHEIMNIS DER GEISTIGEN HEILKRAFT

Geistige Heilkräfte werden vielfach als Wunder angesehen, sind aber im Grunde genommen lediglich die Wirkung starker, von lebhaften Gefühlen begleiteter Gedanken. Wer krank ist, kann bewusst und fördernd auf seine Krankheit einwirken, wenn er Gedanken der Zuversicht und Hoffnung hat. Wenn er sich durch seine eigenen Gedanken glaubhaft machen kann, dass er bereits auf den Wege der Besserung ist.

Bei schweren Erkrankungen, bei denen es um Leben und Tod geht, entscheidet die Richtung der eigenen Gedanken. Sind diese negativ und gibt sich der Kranke selbst schon auf, dann ist selten eine Rettung möglich. Sind die Gedanken aber positiv und auf das Leben und die

Gesundheit gerichtet, dann wird der Kranke sein Leiden überwinden und wieder gesund werden.

Wo man von Wundern spricht, glaubt man immer an etwas Übernatürliches, etwas Besonderes. Das ist aber bei der geistigen Heilkraft nicht der Fall. Nichts Übernatürliches und auch nichts Besonderes liegt vor. Lediglich die Richtung und Kraft der Gedanken ist entscheidend. Wenn ein Kranker seine Gedanken auf die Gesundheit und auf die Besserung lenkt und dadurch Glauben, Hoffnung und Zuversicht erreicht, kann der Körper sich wieder erholen und die Natur an der Gesundung arbeiten.

Wo aber Gedanken der Verzweiflung, des Zweifels und des nahen Todes einziehen, wird die Arbeit der Natur gehemmt und die Krankheit kann sich ausbreiten. Negative Gedanken schwächen die Widerstandskraft und machen es den Krankheitskeimen leicht, die Gesundheit zu zerstören.

WUNDERHEILUNG DURCH GEDANKENKRÄFTE

Richtiggehende Wunderheilungen, wie sie in alter Zeit von Heiligen, Priestern und Fürsten ausgeübt wurden und heute noch manchmal von Heilpraktikern und besonderen Menschen angewandt werden, sind lediglich auf die Kraft der Gedanken zurückzuführen. Gedanken haben doch das Bestreben, sich zu verwirklichen, und besonders dann, wenn sie durch starke Gefühls- und Gemütserregungen verstärkt werden. Und dies trifft bei den Wunderheilungen immer zu. Durch religiösen und anderen Glauben entstehen starke Gefühle und Gemütsregungen, welche den Gedanken an die Gesundung so sehr verstärken können, dass dieser unter Umständen schlagartig wirken kann.

Solche schlagartig wirkenden Gedankenkräfte können sogar körperliche Veränderungen auslösen und krankhafte Hemmungen manchmal innerhalb weniger Sekunden beseitigen.

PRAKTISCHE REGELUNG DER GEISTIGEN HEILKRAFT

Wenn Sie die Kraft Ihrer Gedanken dazu verwenden wollen, gesund zu bleiben oder bei Krankheiten die Gesundung zu unterstützen, beachten Sie die folgenden Regeln:

1. Alle Gedanken, die Ärger, Zorn, Hass, Wut und Neid hervorrufen, schaden der Gesundheit. Besonders empfindliche Stellen, die auf solche Gedanken reagieren, sind der Magen, die Leber, die Gallenblase, die Nerven und das Herz.

2. Alle Gedanken der Freude, des Glücks, der Entspannung und der Zufriedenheit fördern die Gesundheit und erhalten sie.

3. Alle Gedanken des Glaubens, der Hoffnung, des Mutes und der Zuversicht helfen der Natur bei der Erhöhung der Widerstandskraft und der Beseitigung von Krankheiten.

Ein praktisches Beispiel:

Ein Mann hatte Ehe-Schwierigkeiten. Seine Frau betrog ihn und er wurde mit diesen Schwierigkeiten nicht fertig. Nach wenigen Monaten bekam er ein ernsthaftes Magengeschwür. Ärztliche Behandlung und sogar ein mehrwöchiger Krankenhausaufenthalt konnten nur vorübergehende Besserung bringen. Dann las der Mann einen Zeitungsartikel über die Wirkungen des Liebeskummers auf Magenerkrankungen und ging zu einem Psychologen. Dieser brachte ihn dazu, nicht mehr an das Vergehen seiner Frau zu denken, sondern an die guten Zeiten. Er versöhnte sich mit ihr wieder und nach wenigen Wochen war sein Magengeschwür, wie eine Röntgenaufnahme zeigte, verschwunden.

Seelische Spannungen bringen immer wieder negative Gedanken und diese vergiften und zerstören den Körper. Hier können nur positive Gedanken helfen. Am schnellsten, wenn diese mit Gefühls- und Gemütserregungen positiver Art verbunden sind. Verzeihen, Güte und wahres Verstehen können viel helfen, negative Gedanken zu verhindern und durch positive Gedanken zu ersetzen.

DIE LEISTUNGSFÄHIGKEIT STEIGERN

Die körperlichen Funktionen verlaufen meist unterbewusst und die Natur versucht immer, den Zustand der Gesundheit und der größten Leistungsfähigkeit zu erhalten. Positive Gedanken fördern das Bestreben der Natur. Aber negative Gedanken hemmen dieses Bestreben.

Hier liegt das ganze Geheimnis der Gesundheit und Leistungsfähigkeit. Wer eine Arbeit hat, die ihn nicht befriedigt, wird wohl schwerlich dazu geneigt sein, positive Gedanken zu denken. Er wird vielmehr immer und immer wieder auf negative und unzufriedene Gedanken gebracht.

Aus diesem Grunde ist die Wahl des Berufes so wichtig für das Leben, die Gesundheit und Leistungsfähigkeit des Menschen. Wer einen Beruf hat, der ihn immer wieder zu negativen Gedanken zwingt, sollte lieber einen anderen Beruf lernen oder zumindest seine Arbeitsstelle wechseln. Diese Freiheit hat doch jeder in der heutigen Zeit.

Dauernde Unzufriedenheit und dauernder Zwang in Bezug auf die Arbeit vergiften durch negative Gedanken mit der Zeit das Blut und die Folgen sind Krankheiten und Leistungsminderung. Da aber die Leistung in den meisten Fällen die Höhe des Verdienstes und damit den Lebensstandard bestimmt, ist hier der Kernpunkt des Erfolges.

Wer unzufrieden ist und sieht, dass er eigentlich auf einem anderen Gebiet oder in einem anderen Beruf mehr leisten könnte, sollte alles versuchen, um einen baldigen Wechsel herbeizuführen. Auf alle Fälle aber sollte er zumindest vermeiden, nur die negativen Seiten seines Daseins zu sehen und dementsprechend negative Gedanken zu denken. Die persönliche Leistungsfähigkeit lässt sich nur durch positive Gedanken verbessern. Und sie wird in allen Fällen durch negative Gedanken geschwächt. Denken Sie über sich und Ihren Beruf nach und ---- handeln Sie dann!

GEDANKENKRAFT UND DIE KLEINEN DINGE DES ALLTAGS

Die Wirkung der Gedanken erstreckt sich auch auf die kleinen Dinge des Alltags. Wenn in der Küche ein Teller zusammengeschlagen wird, ist das kein Grund zu Streit und zu negativen Gedanken. Lieber eine Mark bezahlen, als auch nur eine Minute lang negative Gedanken wachzurufen. Das sollten Sie sich überall merken. Geld kann man erneut verdienen, aber die Schäden negativer Gedanken sind viel schwerer zu beseitigen.

Wenn Sie sich jeden Tag mit Ihrem Rasierer ärgern, dann kaufen Sie sich doch einen   anderen und wenn Sie sich mit dem Rasiermesser immer wieder verletzen, kaufen Sie sich doch einen Elektrorasierer und Sie haben eine Menge negativer Gedanken für das kommende Jahr mit einem Schlag beseitigt.

Wie viel Geld wird oft für Luxus ausgegeben. Dieses Geld würde bestimmt reichen, um die vielen kleinen Dinge des Alltags zu verbessern und die Ursachen negativer Gedanken zu beseitigen. Wer sich in angespannten finanziellen Verhältnissen große Stücke auf Ratenzahlung kauft, ist nicht klug. Denn wenn man sich für ein Stück, das man oft gar nicht einmal braucht, monatelang schinden muss und immer wieder damit negative Gedanken verursacht, dann ist das entweder Raubbau an sich selbst oder bloße Dummheit.

Eines der gefährlichsten Gifte des Alltags ist die Verbindung mit einem Ehepartner, der immer streitsüchtig und rechthaberisch ist. Hier liegt eine Dauerursache hemmender und schadender, negativer Gedanken.
Wenn die Ehe nicht stimmt, ist es besser, gleich an eine Scheidung zu denken, als sich ein Leben lang herumzuärgern. Die Ehe ist für das Schicksal des Mannes der entscheidende Punkt. Eine Frau kann den Mann zu Höchstleistungen anspornen und eine andere kann ihn um alles Schöne und Gute bringen. Wenn Sie glücklich und erfolgreich sein wollen, müssen zwei Dinge stimmen. Erstens die Ehe und zweitens der Beruf. Stimmen beide nicht, wird das Leben zur Hölle.

DER PERSÖNLICHE MAGNETISMUS

Die persönliche Anziehungskraft, wie man auch für persönlichen Magnetismus sagen kann, wird vom Potenzial der Gedankenkraft bestimmt. Menschen, die alle Gedanken und Wünsche sofort verwirklichen, ganz gleich, ob durch Taten, Handlungen oder Worte, haben wenig persönliche Anziehungskraft. Man kann in Gesellschaft oft erleben, dass nicht der Geschwätzige und der Vielreder ein guter Gesellschafter ist, sondern der, welcher wenig schwätzt und redet, der aber umso mehr den anderen zuhören kann.

Hier könnte man sagen, dass jedes Aussprechen eines Gedankens gleichbedeutend ist mit einer Kraftentladung. Und jedes Zurückhalten eines Gedanken eine Kraftsammlung. Wenn sich zum Beispiel zwei Menschen gegenübersitzen, von denen der eine viel redet und schwatzt, der andere dagegen nur aufmerksam zuhört und hin und wieder einmal eine kleine, eigentlich nichtssagende Einwendung macht, kann man beobachten, dass der eine Kraft ausgibt und der andere Kraft sammelt.

Wenn Sie persönliche Anziehungskraft erwerben wollen, müssen Sie Folgendes beachten:

1. Lassen Sie andere reden und hören Sie zu. Dann fließt Ihnen die Kraft zu, welche der andere durch das Ausdrücken seiner Gedanken ausgibt.

2. Vermeiden Sie Beifallstrieb, Eitelkeit, Mitteilungssucht, Neugierde und Schwätzereien. Sie sammeln dadurch geistige Kraft.

3. Versuchen Sie, bei Gesprächen durch geschickte Einwendungen an Anregungen den Gesprächspartner dazu zu bringen, Ihnen recht viel zu sagen und zu erzählen. Er gibt dabei viel geistige Kraft ab, die Sie sammeln können. Auch sieht Sie der andere als einen guten Gesellschafter an.

DREI KLEINE GEHEIMNISSE DER SYMPATHIE

Es gibt Menschen, die überall gut aufgenommen werden und denen man Achtung und Vertrauen schenkt. Und es gibt andere Menschen, die man meidet, sie missachtet und ihnen misstraut. Wenn Sie selber überall Achtung und Vertrauen haben wollen, dann müssen Sie drei kleine, scheinbar ganz harmlose Geheimnisse kennen.

1. Wer sich persönlich mit einer Person beschäftigt, erwirbt Achtung und Vertrauen. Praktische Seite: Wenn Sie einen Bekannten treffen, seien Sie immer höflich zu ihm und fragen Sie ihn nach persönlichen Dingen, von denen Sie wissen, dass ihn diese interessieren. Regen Sie ihn zu einem Gespräch an. Dann wird er Sie immer gerne sehen wollen.

2. Wer andere Personen beeinflussen kann, dem traut man alles zu. Praktische Seite: Wenn Sie mit jemandem sprechen, sehen Sie ihm genau auf die Nasenwurzel zwischen beiden Augen. Dann wird das, was Sie sagen, auf sein Unterbewusstsein wirken und Sie beeinflussen ihn. Wenn jemand zu Ihnen redet, vermeiden Sie, dass er Ihnen direkt in die Augen sieht. Das Ganze muss aber höflich und unauffällig gemacht werden.

3. Wer zurückhaltend und geheimnisvoll ist, wirkt auf andere anziehend. Praktische Seite: Sprechen Sie nie über Ihr Einkommen, Ihre persönlichen Verhältnisse und Pläne. Schweigen Sie über alles, was Sie selber angeht. Sprechen Sie nur über Sachen, die den anderen oder die Allgemeinheit angehen. Vermeiden Sie, Ihren wahren Standpunkt anderen klar mitzuteilen. Lassen Sie andere über sich und Ihre Ansichten und Verhältnisse im Unklaren.

Diese drei kleinen Geheimnisse werden Ihnen viel nützen, wenn Sie dieselben immer und überall anwenden. Nur wer sich von der Masse distanziert, kann sich über sie erheben.

PRAKTISCHE MAGIE DURCH GEDANKEN

Nach den Geheimlehren der alten Magier rufen Gedanken auf anderen Bewusstseinsebenen Schwingungen hervor, von deren tatsächlichen

Auswirkungen sich der menschliche Verstand keine Vorstellung machen kann. Wollen wir nun nicht so weit gehen wie die alten Magier und wollen wir nicht gleich behaupten, dass der Mensch durch Gedankenkraft allmächtig wird. (Denken Sie einmal nach, was tatsächlich alles durch Gedanken verursacht wird!!!)

Wollen wir nun einige, für uns verwertbare, praktische Lehren der Magier betrachten.

Die Magier behaupten, dass sich Gedanken auch an Gegenstände binden lassen. So zum Beispiel an Schmucksachen, an Edelsteine und sogar an Wasser und Papier. Ich gebe Ihnen dazu einige Anleitungen und Experimente nach den Lehren der alten Magier. Sie selber können diese Experimente nachmachen und den Erfolg kontrollieren. Wenn Sie gute Ergebnisse erzielen, können Sie ja auf diesem Gebiet weiterstudieren und weiterforschen. Ich aber fühle mich nicht berechtigt, aus Ihnen vielleicht einen Magier machen zu wollen. Das müssen Sie richtig verstehen!

MAGISCHE EXPERIMENTE ZUM NACHMACHEN

Nehmen Sie zwei Gläser mit Wasser, zwei gleiche Gläser, die Sie aber irgendwie kennzeichnen. Nun nehmen Sie zuerst einen kleinen Schluck Zuckerwasser, das Sie sich eventuell in einem Löffel bereiten, und dann nehmen Sie das erste Glas zur Hand und halten es etwa zehn Minuten lang fest. Dabei stellen Sie sich vor, dass das Wasser genauso Zuckerwasser sei wie das soeben gekostete. Stellen Sie sich lebhaft den Geschmack vor und stellen Sie sich auch vor, wie es schmecken würde, wenn Sie das Glas Wasser austrinken würden und es wäre tatsächlich Zuckerwasser. Wenn sich der Erfolg nicht sofort einstellt, wiederholen Sie dieses.

Nun machen Sie dasselbe mit dem anderen Glas Wasser, aber mit Salzwasser. Und etwas später geben Sie die zwei Gläser mit reinem Wasser, in welches Sie nach Ansicht der Magier die Gedanken von Zuckerwasser und Salzwasser hineinbrachten, einem Freund zum Kosten und fragen ihn, in welchem Glas etwas Zucker und in welchem etwas Salz ist. In vielen Fällen wird das Ergebnis stimmen und Sie werden staunen.

Dann machen Sie ein Experiment mit zwei Münzen. Lassen Sie eine dritte Münze auf einem Ofen etwas warm werden und nehmen Sie diese dann in die Hand. Wenn Sie die Wärme deutlich gefühlt haben, legen Sie diese Münze weg und nehmen eine der beiden anderen in die Hand. Stellen Sie sich vor, dass sich diese (in Wirklichkeit ganz normal temperierte Münze) ebenso warm anfühlt wie die vorherige. Nach etwa zehn Minuten legen Sie die Münze weg. Darauf nehmen Sie eine vorher im Wasser oder Kühlschrank kaltgemachte Münze in die Hand und achten genau auf das, was Sie fühlen. Dann legen Sie diese Münze weg und nehmen die andere der beiden Münzen und stellen sich recht lebhaft vor, dass diese ebenso kalt sei wie die vorher in der Hand gehaltene Münze. Nach etwa zehn Minuten legen Sie auch diese Münze weg. Und nach einer Stunde oder länger lassen Sie die beiden Münzen einen Freund nehmen und fragen ihn, bei welcher er das Gefühl der Wärme und bei welcher er das Gefühl der Kälte hat. Das Ergebnis wird Sie sicher überraschen.

Nun ein Versuch mit Papier. Nehmen Sie zwei Stück Papier, ganz gleich wie groß, und legen Sie zuerst eines vor sich hin. Nun sehen Sie auf das Papier und stellen sich lebhaft vor, dass es ganz rot sei. Nach etwa zehn Minuten legen Sie es weg und nehmen das andere, bei dem Sie sich vorstellen, es sei ganz blau. Nach zehn Minuten legen Sie es wieder weg und fragen nachher eine andere Person, welches der beiden Papiere einen schwachen roten und welches einen blauen Schein oder Schimmer hat. Beide Blätter müssen in Wirklichkeit aber ganz weiß und gleichfarbig sein. Entwerfen Sie selber ähnliche Versuche.

WIE MAN DURCH GEDANKEN LIEBE ERZWINGEN KANN

Nun werde ich Ihnen auch ein uraltes Mittel beschreiben, wie man nach Ansicht der alten Magier Liebe erzwingen kann. (Sie brauchen dieses Experiment natürlich nicht nachzumachen!)

Man verschafft sich von der geliebten Person ein Haar und nimmt dann ein eigenes Haar, um die beiden Haare in der Mitte mit einem unlösbaren Knoten zusammenzubinden. Dann konzentriere man seine Gedanken auf die geliebte Person und stelle sich vor, wie man mit ihr genauso eng in Liebe verbunden ist wie die beiden Haare durch den Knoten. Je lebhafter und lebendiger man sich die geliebte Person vorstellt, umso schneller soll

dieser alte Liebeszauber wirken. Die Dauer der Gedankenkonzentration sollte zwischen einer halben und einer ganzen Stunde sein. Besonders wirksam soll dieser Zauber sein, wenn Vollmondnacht ist und er um die Mitternachtsstunde gemacht wird.

Nun sollten Sie nicht unbedingt daran glauben. Es kann auch purer Aberglaube sein! Aber mit etwas Kenntnissen in Psychologie kann man die Sache trotzdem als wirksam erklären. Meine vorsichtige Schreibweise in solchen Dingen entspricht nur meiner persönlichen Abneigung gegen Aberglauben. (Das zu Ihrer Information!)

WIE MAN DURCH GEDANKEN TREUE ERZWINGEN KANN

Denselben Liebeszauber mit zwei verbundenen Haaren kann man nach Ansicht der Magier auch dazu verwenden, Treue zu erzwingen. Man nähe die beiden durch einen Knoten verbundenen Haare in das Bettzeug der geliebten Person und belebe deren Wirkung in jeder Vollmondnacht dadurch, dass man eine volle Stunde lang lebhaft an die dauerhafte und treue Verbindung denkt. Psychologisch gesehen ist an solcher Zauberei bestimmt viel Wahres und Wirksames. Vielleicht versuchen Sie es doch einmal?!

DIE WAHRNEHMUNG DER ZUKUNFT

Ohne auf philosophische Spekulationen eingehen zu wollen, möchte ich doch versuchen, über ein so umstrittenes Thema zu schreiben, wie es das der Wahrnehmung zukünftiger Dinge und Ereignisse ist. Meine persönliche Ansicht ist, dass es eine Wahrnehmung der Zukunft gibt. Als Beweis für meine Ansicht gelten mir verschiedene Erlebnisse, die ich selber eingehend nachprüfen konnte und die in meiner Umgebung geschahen.

Das Gebiet der Wahrnehmung zukünftiger Ereignisse soll jedes Einzelnen Privatsache sein. Denn jeder bewusste Versuch, auf diesem Gebiet Experimente zu machen und das Ergebnis der breiten Masse bekanntzugeben, falls diese Versuche gelingen, wäre gleichbedeutend mit einer Störung des Gleichgewichtes innerhalb der menschlichen Gesellschaft. Das kann aber ein vernünftiger Mensch auf keinen Fall wollen.

TATSACHEN ÜBER DIE WAHRNEHMUNG DER ZUKUNFT

Von der Zivilisation unverdorbene Tiere und Naturmenschen nehmen Naturereignisse und Katastrophen viel früher wahr als Zivilisationsmenschen und aufs höchste empfindliche wissenschaftliche Geräte - zum Beispiel Erdbeben, Brandkatastrophen, Hochwasser und Unwetterkatastrophen. Bestimmte Tierarten, die an die Ufer von Urwaldflüssen ihre Eier legen, wissen bereits Monate vorher, wie weit bei der nächsten Regenzeit das Wasser steigt. Wenn man bedenkt, dass der Wasserspiegel manchmal zwischen 20 und 100 m vom Fluss entfernt liegt, kann man an einer Wahrnehmung der Zukunft bei solchen Tieren nicht zweifeln. Denn sie legen ihre Eier immer so nahe an das kommende Wasser, dass die ausschlüpfenden Jungen es nahe zum Wasser haben und doch vor dem Hochwasser geschützt sind. Indiostämme in den Urwäldern Südamerikas wissen lange vorher über Hochwasser, Erdbeben

usw. Bescheid und bringen sich in Sicherheit. Solche Beweise gibt es unzählige.

ENTWICKLUNG DER INNEREN STIMME

Eine planmäßige Entwicklung der Wahrnehmung zukünftiger Ereignisse kann eigentlich nur darin bestehen, immer auf die innere Stimme zu hören. Diese innere Stimme braucht sich aber nicht in deutlich hörbaren Worten zu äußern. Es können auch vage Ahnungen sein, Gefühle oder Träume. Zweckmäßig ist es, über solche inneren Wahrnehmungen ein Tagebuch zu führen. Jede Ahnung und jedes auf die Zukunft gerichtete Gefühl wird genauso aufgeschrieben wie jeder zu Bewusstsein kommende Traum. Dann kann man später mit der Wirklichkeit vergleichen und kann schließlich selber Schlüsse ziehen.

Vorteilhaft ist es, in ruhigen Stunden entspannt in sich selber hineinzuhorchen. Ganz ohne eine bestimmte Absicht eine gewisse Bewusstseinsleere zu erzeugen, einen Zustand zwischen Wachsein und Schlaf. Die in solchen Zuständen von selber kommenden Gedanken, Ahnungen und Wachträume sind dann zu notieren.

Es gibt verschiedene Systeme der Hellsehschulung, aber alle haben eigentlich nur den einen Zweck, dem Urheber zu Geld zu verhelfen. Das zwischen Wachen und Schlafen stehende leere In-sich-hinein-Horchen ist aber tatsächlich die einzige Möglichkeit, die innere Stimme wahrnehmbar zu machen und zu entwickeln. Allerdings darf man sich aus lebenspraktischen Erwägungen heraus nicht zu viel mit der Materie beschäftigen.

INDIREKTE GEDANKENÜBERTRAGUNG

Jeder Gedanke hat das Bestreben, sich irgendwie zu verwirklichen. Entweder durch Taten, durch Worte, durch Gedankenstrahlen oder am Körper als Haltung, Gangart, Sprechweise, Bewegungen der Hände usw. Wenn man Menschen öfters beobachtet und von ihren Ausdrucksformen und Bewegungen auf ihre Gedanken schließt, erwirbt man sich die überaus wertvolle Eigenschaft der Menschenkenntnis, die heute leider so selten anzutreffen ist.

Schon alleine das Spiel der Hände und deren Haltung sowie die Bewegungen und Haltung der einzelnen Finger können viel über die Gedanken eines Menschen aussagen.

Andererseits kann man aber die Erkenntnis, dass sich Gedanken am Körper ausdrücken, auch anders verwerten. Man kann durch bewusstes Erzeugen von positiven Gedanken einen positiven Eindruck auf andere Personen machen und so eine gewisse indirekte Übertragung von Gedanken durch Ausdrucksformen und durch die ganze Haltung bewirken.

EXPERIMENTE MIT REFLEXEN

Zum Schluss sollten Sie auch etwas über Experimente zum Gedankenlesen mit Muskelreflexen lernen. Jeder Gedanke an eine körperliche Bewegung ruft in den an der Bewegung beteiligten Muskeln schwache Reflexbewegungen hervor, die von Artisten vielfach zu Experimenten und Vorführungen verwendet werden. Bekannte Artisten, die vielfach diese Art anwandten, waren Joe Labero und Eric Jan Hanussen. Letzterer lernte es scheinbar von Labero, der viele öffentliche Sensationsexperimente in Großstädten machte. Labero bezeichnete diese Art des Gedankenlesens als Muskellesen, da unbewusst abgegebene Muskelreflexe als Mittler zu den Gedanken benutzt werden.

Experimente mit Muskellesen werden meist mit einem körperlichen Kontakt zwischen Artisten und Versuchsperson durchgeführt. Der Artist lässt im Raum einen Gegenstand verstecken und befindet sich dabei außerhalb des Raumes unter Kontrolle. Dann nimmt er eine Person, die den Ort des versteckten Gegenstand kennt, am Arm und sagt ihr, sie solle ihm in Gedanken den Weg zu dem versteckten Gegenstand weisen. Dabei achtet der Artist auf die schwachen, unbewussten Muskelbewegungen am Arm der Versuchsperson, die ihn dann unfehlbar an den Ort führen, wo der versteckte Gegenstand zu finden ist.

Sie selber können solche Experimente zu Hause und bei Freunden machen. Lassen Sie irgendeinen Gegenstand irgendwo im Zimmer verstecken und dann kommen Sie in den Raum. Nehmen Sie eine Person mit Ihrer Hand leicht um das Handgelenk und sagen ihr, dass sie Ihnen in Gedanken entsprechende Befehle geben soll. Zum Beispiel "nach links"

oder "geradeaus". Sie achten dabei auf die leichten, unbewussten Muskelbewegungen am Arm der Versuchsperson. Wenn Sie mit dieser im Raum herumgehen, werden Sie manchmal einen drückenden, ziehenden oder hemmenden Impuls verspüren, der meist ziemlich schwach ist. Sie folgen dann in dieser Richtung und bald werden Sie den versteckten Gegenstand haben.

HEMMUNGEN UND FEHLER DURCH GEDANKEN BESEITIGEN

Abschließend möchte ich Ihre Aufmerksamkeit auf eine Methode lenken, wie man Hemmungen und Fehler durch Gedanken beseitigt. Meist sind Hemmungen und Fehler zu einer Gewohnheit geworden und wenn man nicht immer an die Beseitigung denkt, kommt man gegen sie nicht an.

Deshalb ist es gut, sich irgendwelche Erinnerungshilfen zu machen, die man jederzeit bei sich in der Tasche hat. So kann man ein kleines, rundes Holzstäbchen oder eine kleine Dose usw. immer in der Hosentasche tragen. Sobald man durch diese kleine Hilfe erinnert wird und das wird man sicher oft am Tage, dann denkt man entsprechende, den Fehlern oder den Hemmungen entgegengesetzte Gedanken. Man kann dazu auch die Befehlsform verwenden.

Hier einige Beispiele:

Wenn man hastig und nervös ist: "Du bist ruhig, ganz ruhig! " Gegen Befangenheit: "Du bist ganz frei und unbefangen!" Gegen Fingernägelkauen: "Pfui! Finger weg!" Gegen Erröten: "Du bist ganz kalt, ganz kalt!"

Solche Sätze wirken mit der Zeit mehr und mehr und schließlich werden sie so zur Gewohnheit, dass sie sich in Gedanken bei jeder entsprechenden Situation, wo früher die Hemmung oder der Fehler aufgetaucht ist, automatisch einstellen. Wenn das erreicht ist, kann es nur noch eine Sache der Zeit sein, bis die entsprechende Hemmung oder der Fehler restlos beseitigt ist. Wer sich ständig bemüht, wird mit der Zeit jede Hemmung und jeden Fehler beseitigen können. Wichtig ist aber zu Beginn das Erinnerungsmittel in der Tasche.

ZUSAMMENFASSUNG UND WIEDERHOLUNG

Jeder Gedanke hat das Bestreben, sich zu verwirklichen. Dies kann geschehen: durch Taten, Handlungen, Sprechen, Gedankenstrahlen, Körperbewegungen und Auftreten und durch Persönlichkeitswirkungen. Im Gedanken liegt eine Kraft, die sich entweder durch Verwirklichung entlädt oder durch Stauung von Nichtverwirklichungen und Nichtbefriedigungen gesammelt werden kann. Personen, die Gedankenkraft sammeln und ihre Wünsche und Triebe nicht gleich verwirklichen, strahlen starke Gedankenkräfte aus und können dadurch auch auf andere Personen wirken.

Das Unterbewusstsein des Menschen hat die Möglichkeit, solche Gedankenwirkungen wahrzunehmen, und zwar ohne Vermittlung durch die üblichen fünf Sinne. Das Potenzial der Gedankenkraft entscheidet über Erfolg und Misserfolg, über Gesundheit und Krankheit, über Sympathie und Antipathie und über viele andere Faktoren, von denen ein glückliches oder unglückliches Leben abhängt.

Praktische Experimente und Versuche auf dem Gebiet der Gedanken und der Gedankenkraft sind das beste Mittel, um die darin liegenden praktischen Möglichkeiten richtig zu erkennen und anwenden zu lernen.

- - - - - - - - - - -

IDE-O-MATIC

IDE-O-MATIC. Frei von Erröten, Schüchternheit u. anderen sozialen Hemmungen. Neues Selbstvertrauen. Mehr Lebensfreude.

Die Methode der IDE-O-MATIC arbeitet nach dem Reversal-Prinzip. Nach den Grundlagen energetischer Gesetzmäßigkeiten hat Richard H. Jordan 25 Lehrbriefe entwickelt, bei deren Anwendung keine seelischen Hemmungen mehr auftreten können.

Gleichzeitig erlangen Sie wertvolle Eigenschaften wie Selbstbewusstsein, Selbstsicherheit und sicheres Auftreten. Sie verspüren neue Lebensfreude. Ihr Leben bekommt wieder einen unschätzbaren Wert. Die Anwendung der IDE-O-MATIC bietet Ihnen aber noch mehr Möglichkeiten, denn auch andere wertvolle Absichten, die Sie sich zum Ziel gesetzt haben, verwirklichen sich automatisch.

ISBN 978-3-936612-03-5

www.steiner-verlagshaus.de

Steiner-Verlag

GEHEIMNISVOLLE MÄCHTE IN LIEBE UND EHE

Dies ist der Lehrgang für`s Leben, den Sie schon lange suchen! Der Mensch lebt nicht vom Brot alleine, er braucht auch GLÜCK und LIEBE! Sie wissen das selber gut genug und wir brauchen Ihnen darüber nicht mehr zu sagen. Wussten Sie aber auch schon, dass geheime Mächte in der Liebe eine große Rolle spielen? Solche Mächte wie Sympathie – Autosuggestion – Suggestion – sexueller Magnetismus – Faszination – Imagination – Hypnose! Vielleicht kennen Sie diese Mächte schon. Aber wissen Sie, wie man sie bei der Liebe anwendet? Und zwar so, dass sie Glück und Erfolg bringen!

Wenn Sie diesen Lehrgang besitzen, haben Sie mehr vom Leben!

Ein Lehrgang in sieben Lehrbriefen über die Wirkung und Anwendung geheimer Mächte in Liebe und Ehe von Mario Armada.

ISBN 978-3-936612-07-3

www.steiner-verlagshaus.de

Steiner-Verlag

Martin Kojc
Selbstheilung nervöser Leiden

Ist ein seelisches Gleichgewicht mit innerer Ruhe und einer unerschütterlichen Ausgeglichenheit im Tempo unserer modernen Zeit noch möglich? Martin Kojc hat sich diesem aktuellem Thema gewidmet und eine hochwirksame Methode zur Lösung von mentalen und seelischen Dauerstress geschaffen.

Der Titel sollte Sie nicht über den gerade für unsere "modernen Leiden" so gewichtigen Inhalt hinwegtäuschen. Mit zeitgemäßeren Worten könnte man das Buch betiteln mit: "Selbstheilung psychosomatischer Beschwerden und Krankheiten".

Martin Kojc behandelt in diesem Werk eine der auch heute häufigsten Ursachen für den immer größer werdenden Stress. Zu den Ursachen zählen hauptsächlich fehlende Achtsamkeit, Konzentrationsschwäche, negative Denkmuster, geistige Abwesenheit, Zerstreutheit und Ziellosigkeit.

Auf Dauer wirken sich diese mentalen Defizite negativ auf Körper und Psyche aus. Schlaflosigkeit, innere Unruhe, Antriebslosigkeit, psychosomatische Beschwerden, Impotenz und Migräne sind nur einige Symptome, die durch übermäßigen Stress und Nervosität entstehen können.

Im gegenwärtigen Informationszeitalter wird es angesichts einer gigantischen Reizüberflutung immer schwerer, die Aufmerksamkeit bewusst selbst zu lenken. Das tägliche Bombardement durch Massenmedien und mentale Informationen, die hektischen beruflichen Anforderungen, die vielschichtigen sozialen Zwänge stören unkontrolliert zunehmend unser Konzentrationsvermögen und unsere Ausgeglichenheit.

Infolgedessen sind wir abwesend, verwirrt, zerstreut, hektisch und kommen nicht mehr zur Ruhe. Unser geistiges "Radio" wechselt ständig die Sender und lärmt ständig vor sich hin.

Kein Wunder, wenn unser Körper (nicht selten auch unsere Beziehungen!) zunächst mit kleineren "Zipperlein" und später mit massiven Beschwerden und Krankheiten reagieren. Auch die berufliche Entfaltung wird dadurch stark eingeschränkt. Jeder Sportler weiß: "Nur wenn der Kopf frei ist, kannst du Höchstleitungen bringen!"

Es ist heute wichtiger denn je, einen klaren Kopf zu behalten und somit eine unerschütterliche und angenehme Ruhe zu bewaren - anstatt von den Ablenkungen ständig beherrscht zu werden!

SELBSTHEILUNG NERVÖSER LEIDEN von MARTIN KOJC
ISBN 978-3-936612-17-2

Leseprobe siehe unter **www.steiner-verlagshaus.de**